LA REDEVANCE

DE

M. JOSEPH PAOLI

ET

LES QUELQUES ERREURS

DE LA

Société des Eaux d'Orezza

<hr>

PARIS

IMPRIMERIE DE LA FACULTÉ DE MÉDECINE

A. DAVY, Successeur de A. Parent

52, RUE MADAME ET RUE CORNEILLE, 3

—

1889

LA REDEVANCE

DE

M. JOSEPH PAOLI

ET

LES QUELQUES ERREURS

DE LA

Société des Eaux d'Orezza

PARIS

IMPRIMERIE DE LA FACULTÉ DE MÉDECINE

A. DAVY, Successeur de A. Parent

52, RUE MADAME ET RUE CORNEILLE, 3

1889

Pour bien apprécier les **quelques erreurs** de la Société
des Eaux d'Orezza, il nous faut d'abord bien indiquer les
droits de M. Joseph Paoli.

Nous commencerons donc par donner, in-extenso, la

GROSSE

de l'acte constitutif des droits de M. Joseph Paoli

Mais auparavant, nous devons nous borner à constater :

1° Que cette *grosse est restée ensevelie* dans les cartons de
Mᵉ Fouché, notaire à Paris, DEPUIS LE 19 SEPTEMBRE 1861,
JUSQU'AU MOIS DE MARS 1889.

2° Que les débours et frais de l'acte (1584 FRANCS) n'ont
été remboursés à Mᵉ Fouché que le 31 MAI 1868 et pas, par
M. Paoli.

3° Que c'est Mᵉ Louis-Ernest Segond, notaire à Paris et
successeur de Mᵉ Fouché, qui, *après avoir retrouvé cette
grosse en mars dernier, l'a remise* le 15 AVRIL 1889 au mandataire de M. Paoli, Ours-François, héritier de son oncle,
M. Joseph Paoli.

Ces constatations faites, passons à la lecture de l'acte :

Napoléon, *par la grâce de Dieu et la volonté nationale,*
Empereur des Français, à tous, présent et avenir, salut :

Par devant M⁰ Galin et son collègue, notaires à Paris,
soussignés, le dit M⁰ Galin substituant M⁰ Fouch é, son
confrère, notaire à Paris, momentanément absent,

Ont comparu :

1° M. Fabien Paganelli, propriétaire, demeurant à Paris,
ci-devant rue de la Chaussée d'Antin, n° 21, et actuelle-
ment place Vendôme, n° 16 ;

2° M. Raphaël Jéramec, propriétaire, demeurant à Paris,
rue de la Victoire, n° 21 ;

3° et M. Ferdinand, marquis de la Laurencie-Charras,
propriétaire, demeurant à Paris, rue Joubert, n° 28.

Seuls membres, conjointement avec M. Joseph Paoli,
ancien magistrat, propriétaire, demeurant à Paris, rue Cas-
tiglione, n° 6, du Conseil d'Administration de la Société
civile des Eaux d'Orezza formée par acte sous-seings privés
en date du 29 juin 1858 portant cette mention : Bureau des
sous-seings privés : Enregistré à Paris, le 4 janvier 1859,
s° 156 V. C. 3 reçu 5 fr. 50 cent. décimes compris (signé
Pommey) et dont l'un des originaux a été déposé pour mi-
nutes à M. Fouché, notaire substitué par acte dressé par
lui et son collègue, notaire à Paris les 10 et 16 juillet 1858.

Les sus-nommés élus aux fonctions, régulièrement ainsi
au surplus que M. Paoli lui-même le reconnaît, lequel a
dispensé les notaires soussignés de toute justification à
cet égard.

Lesquels comparants ont, par ces présentes, reconnu
la dite Société, débitrice envers M. Joseph Paoli, ci-devant
dénommé, qualifié et domicilié à ce présent et qui accepte :

De la somme de cinquante mille francs, pour prêt de pareille somme que M. Paoli a fait à la Société, tant en billets de la Banque de France, qu'en espèces ayant cours et en valeurs à la satisfaction des comparants, hors la vue des notaires soussignés.

Laquelle somme les comparants obligent la dite Société à rendre et rembourser à M. Paoli ou pour lui à son mandataire porteur de la grosse des présentes dans douze années à partir de ce jour.

Étant ici expliqué qu'il sera alloué à M. Paoli, pour lui tenir lieu des intérêts, le droit réservé à M. Paganelli, ainsi qu'il sera dit ci-après, à une somme indéterminée, et que Paganelli s'est réservée, comme condition de son apport social, aux termes de l'art. 7 de la Société dont il s'agit :

Il est expressément convenu ce qui est accepté par M. Paoli :

1° Que la Société pourra se libérer du montant du présent prêt, même par fractions, pourvu qu'elles ne soient pas moindres de 5.000 francs par an.

2° Que l'actif social, et non les comparants personnellement, sera seul responsable et soumis à l'action de M. Paoli, en cas d'inexécution des présentes, laquelle pourra avoir lieu notamment sur le droit de concession des Eaux minérales, résultant des titres ci-après énoncés.

Et qu'à défaut de remboursement de la totalité du montant du présent prêt, la portion qui en restera dû, ou la totalité, s'il y a lieu, produira des intérêts sur le pied de 5 0[0, par an, et ce, *sans réduction des droits acquis à M. Paoli* en vertu de la délégation que va lui faire ci-après M. Paganelli.

Par ces mêmes présentes, M. Paganelli ci-devant qualifié

et domicilié explique qu'aux termes de l'art. 7 de l'acte de Société ci-devant relaté, il a apporté à cette société la concession des Eaux acidules ferrugineuses et minérales d'Orezza, qui lui a été accordée par acte authentique de M. le Préfet de la Corse, en date du 30 août 1856, en vertu d'une décision du Conseil général de ce département (session de 1855) pour en jouir pendant quatre-vingt-dix-neuf ans aux clauses et conditions du cahier des charges; que cet apport avait été fait moyennant une redevance fixe de cinq centimes par bouteille pleine, exportée ou non de la Corse, à quelque titre que ce soit.

En conséquence, M. Paganelli, en considération du prêt ainsi fait à la dite Société par M. Paoli pour tenir lieu, à ce dernier, des intérêts de la dite somme de 50.000 francs, déclare céder et déléguer et transporter au dit M. Paoli qui accepte et ce, à titre de forfait, la redevance à laquelle il a droit, *pendant tout le temps de la concession des Eaux minérales d'Orezza*, fixée comme il vient d'être dit à 5 centimes, par bouteille pleine.

Pour M. Paoli toucher et recevoir de qui il appartiendra le montant de la redevance, et ce, *sur ses simples quittances*.

Au moyen de quoi M. Paganelli le subroge dans tous ses droits et actions contre la dite Société.

M. Paganelli se réservant, en raison de l'abandon qu'il vient de faire, et ce, du consentement des comparants, de demander à la Société toute compensation qu'il jugera convenable, sauf à lui à s'entendre à cet effet avec tels membres de la Société qu'il appartiendra.

Pour faciliter la perception des droits d'enregistrement, les parties déclarent évaluer à 1.000 francs, par an, la redevance faisant l'objet de la délégation à forfait par M. Paganelli.

Pour l'exécution des présentes, les parties font élection de domicile, savoir :

Les comparants au siège social à Paris, rue St-Roch, n° 12.
Et M. Paoli, en sa demeure.

M. Jéramec, administrateur directeur de la Société dont il s'agit, déclare se tenir le transport, dont il s'agit, pour *bien et dûment signifié* n'avoir entre les mains aucune opposition qui en puisse paralyser l'effet *et dispenser M. Paoli de toute autre signification.*

Dont acte

Fait et passé à Paris, en l'étude de Mᵉ Fouché,
L'an 1861, le 19 septembre.

En présence de Mᵉ Prosper, Philogène, Petit-Bergonz, avoué près le Tribunal civil de première instance de la Seine, demeurant à Paris, rue St-Honoré n° 346, conseil des parties.

Et les parties ont signé avec M. Petit-Bergonz et les notaires après lecture faite des présentes, qui seront portées sur les répertoires de Mᵉ Fouché et Mᵉ Galin et resteront en la possession du dit Mᵉ Fouché.

En marge est écrit :

Enregistré à Paris, 5ᵐᵉ bureau, le 25 septembre 1861 f° 16 V. C. 7 reçu 500 francs pour l'obligation; 940 francs pour délégation et 144 francs pour décimes.

(Signé : Aubert.)

Mandons et ordonnons à tous huissiers, sur ce requis, de mettre ces présentes à exécution.

A nos procureurs généraux et à nos procureurs, près les Tribunaux de première instance, d'y tenir la main.

A tous commandants et officiers de la force publique d'y prêter main forte, lorsqu'ils en seront légalement requis.

En foi de quoi, ces présentes ont été signées et scellées par Mᵉ Galin, notaire.

Signé : Fouché, notaire.

En conséquence, le Président de la République mande et ordonne à tous huissiers, sur ce requis, de mettre les présentes à exécution, aux procureurs généraux et aux procureurs de la République, près les tribunaux de première instance, d'y tenir la main; à tous commandants et officiers de la force publique de prêter main forte, lorsqu'ils en seront légalement requis.

En foi de quoi, les présentes ont été signées par Mᵉ Louis Ernest Segond, notaire à Paris, successeur de Mᵉ Foucher, aussi notaire à Paris, ce jourd'hui, *dix-neuf mars mil huit cent quatre-vingt-neuf* en conformité du décret du deux septembre, mil huit cent soixante-onze.

Signé : Segond.

Ainsi donc c'est bien clair, et les livres de la Société l'ont ainsi passé et enregistré, la Société vient de contracter envers M. Paoli deux dettes bien distinctes : elle devra et séparément;

1º Lui rembourser son prêt de 50.000 francs, espèces;

2º Servir désormais à M. Paoli la redevance primitivement réservée à M. Paganelli, jusqu'au 30 août 1955.

Quant à M. Paganelli, où sera sa compensation?

Pour la bien expliquer, il nous faut donner ce simple extrait des statuts de la Société d'Orezza.

TITRE III

FONDS SOCIAL. — SA DIVISION. — SA REPRÉSENTATION.

Art. 8. — Le fonds social qui pourra être progressivement augmenté (il ne l'a jamais été) par l'Assemblée générale, suivant les besoins de l'entreprise est représenté par quinze cents parts d'intérêts de cinq cents francs, chacune :

Art. 9. — Ces quinze cents parts seront réparties, ainsi qu'il suit :

(750 aux apporteurs, ou soit :)

<table>
<tr><td rowspan="3">Nota : très important. Au livre à souches : ces 500 actions portent les n°s 1 à 500.</td><td>Quatre cents parts à la caisse des mines (dont M. Paganelli est le plus gros intéressé. Il la dirige avec ce même M. Jéramec, co-directeur).....</td><td>400 fr.</td></tr>
<tr><td>Cinquante à Mme veuve Faggianelli....................</td><td>50</td></tr>
<tr><td>Cinquante à M. Joseph Paoli (notre auteur)..............</td><td>50</td></tr>
</table>

Ces 250 portent les numéros 501 à 750.

Deux cent cinquante parts libérées seront mises en réserve et distribuées, successivement, dans l'intérêt de la Société. Mais le Conseil d'administration sera tenu d'en rendre compte à l'Assemblée générale, ci :   250

Les 750 autres seront souscrites par des tiers.........   750

Total égal des parts...   1,500 fr.

Compensation de M. Paganelli.

CONSEIL D'ADMINISTRATION
DE LA SOCIÉTÉ D'OREZZA

Séance du 18 septembre 1861

La séance est ouverte à 2 heures après-midi.

Sont présents :

MM. DE LA LAURENCIE
    PAGANELLI
    PAOLI
    JÉRAMEC.

M. Jéramec expose que par suite des conférences avec M. Paoli, en ce qui concernait une ouverture de crédit, il a obtenu 1° que le crédit de 50,000 francs ne produirait pas d'intérêt, mais que M. Paoli recevrait à titre de compensation 5 centimes par bouteille pleine vendue, des **eaux d'Orezza**.

Que pour avoir la disposition de ces 5 centimes sans diminuer sensiblement les bénéfices sociaux, il avait obtenu de M. Paganelli l'abandon des mêmes 5 centimes qui lui étaient réservés par le pacte social mais que, pour tenir compte de cet abandon, un certain nombre de parts avaient été offertes à M. Paganelli qui avait demandé 300 parts.

Que le Conseil se rappelait que 250 parts avaient été laissées à sa disposition pour certaines applications gratuites dans l'intérêt de la Société, de telle sorte que jusqu'à concurrence de ces 250 parts, ce n'était pas une charge imprévue, et qu'il ne s'agissait plus que des 50 parts supplémentaires.

Qu'en résumé, la Société dégrevée de l'obligation de servir les intérêts de 50,000 francs, ne se trouverait avoir à disposer que de 50 parts auxquelles, assurément, aucune valeur ne pouvait être assignée et qui ne pourraient jamais avoir de prix que par l'adjonction des 50,000 francs.

Le Conseil approuve ces arrangements avec les modifications suivantes :

Retenons bien ces chiffres, car nous les retrouverons. Bien que le journal de la Société doive nous apprendre qu'on lui a définitivement donné les 250 titres de la réserve, le conseil voulait, en ce moment :

Laisser 50 titres réservés et ne donner que 200 titres à M. Paganelli.

Il estime que sur les 250 parts mises à sa disposition, il doit, au moins, en réserver 50 pour les emplois en vue desquelles elles avaient été réservées.

Que, dès à présent, 200 seulement seraient remises à M. Paganelli et que demande serait faite, appuyée par lui des 100 autres, lors de la première Assemblée générale, afin de porter à 300 parts la compensation réclamée par le dit sieur Paganelli, pour l'abandon qu'il consent à faire de ses cinq centimes par bouteille pleine.

(*signé*) : DE LA LAURENCIE CHARRAS,

PAGANELLI, J. PAOLI; R. JÉRAMEC, *approuvé* J. CASALE.

Arrivons maintenant au premier jalon *suggestif* de l'erreur de M, Joseph Paoli : *elle résulte de ce factum du 31 mai* 1864 :

Entre les soussignés :

1° M. Joseph Paoli, ancien magistrat, demeurant à Paris, rue du Dauphin, n° 5, d'une part;

2° M. R. Jéramec, au nom et comme directeur de la Société civile pour l'exploitation des Eaux minérales d'Orezza, dont le siège est à Paris, rue des Pyramides, n° 14; d'autre part;
a été dit et convenu ce qui suit :

Pourquoi le 30 ? puisque c'est le 19.

Par acte passé en l'étude de Mᵉ Fouché, notaire à Paris le 30 septembre 1861, M. Joseph Paoli a fait à la Société civile d'Orezza une ouverture de crédit de cinquante mille francs.

Où avez-vous vu tout cela?

Ce prêt, en raison d'avantages concédés à M. Joseph Paoli, a été stipulé remboursable, sans intérêts, en *cinq annuités* de 10,000 francs chacune, la première échéant le 30 *septembre* 1864.

Par anticipation (??) sur le remboursement de la première annuité, M. Joseph Paoli a touché une somme de huit mille francs par compte reconnu contradictoirement, le 31 mai 1863; ce qui réduit son crédit à la somme de 42,000 francs.

Par des motifs qui lui sont personnels, M. Joseph Paoli a désiré rétablir son crédit au chiffre primitif de 50,000 fr. A cet effet, il a fait créditer, ce jour, son compte par le

Frère du Directeur.

débit de celui de M. Alexis Jéramec, de Poitiers, dont ce dernier était créditeur à la Société d'Orezza.

Pour assurer le remboursement de sa créance et la rendre mobilisable, M. Joseph Paoli a voulu en recevoir le montant en billets à ordre.

Cette demande n'a été consentie qu'à la condition de *prolonger* les dates auxquelles les annuités étaient remboursables et d'en *réduire* les sommes.

En *conséquence,* M. Paoli déclare avoir reçu de M. R. Jéramec, administrateur-directeur de la Société d'Orezza, dix billets de 5.000 fr. chaque, payables aux échéances suivantes :

Au 30 sept. 1865	5.000
» 30 » 1866	5.000
» 30 » 1867	5.000
» 30 » 1868	5.000
» 31 mars 1869	5.000
» 30 sept. 1869	5.000
» 31 mars 1870	5.000
» 30 sept. 1870	5.000
» 31 mars 1871	5,000
» 30 sept. 1871	5.000 50.000

OBSERVATIONS

La société, pendant 12 ans, pouvait ne rien payer du tout ou se libérer à sa volonté par à-comptes de 5,000 fr. Mais, il s'agit de *prolonger* les échéances et d'en *réduire* les sommes.

En conséquence, voilà la Société obligée *de payer à heure fixe et en sept ans* à raison de 5,000 francs par an, de 1865 à 1868 et de 10.000 fr. par an, de 1869 à 1871.

Est-ce bien de l'équité, ou simplement l'art de donner un œuf pour avoir un bœuf?

Ces billets à l'ordre de M. Joseph Paoli, souscrits par M. R. Jéramec en sa qualité de directeur de la société civile d'Orezza sont libellés : « Valeur reçue en « espèces, suivant acte passé en « l'étude de Mᵉ Fouché, notaire « à Paris, le trente septembre « 1861. »

Pour établir une compensation équitable pour la différence des intérêts résultant de la pro-

OBSERVATIONS

Que d'erreurs! M. Jéramec, mais n'y aura-t-il pas quelque compensation??

longation des échéances auxquelles se feront les payements des billets sus-énoncés, il a été arrêté entre les parties :

Qu'une somme de 1639 fr. 21 formant le solde du compte-courant débiteur à ce jour de M. Joseph Paoli seront passés par Pertes et Profits.

Par la remise des dix billets de 5,000 fr., chaque et le solde par pertes et profits des avances qui lui ont été faites, les comptes débiteurs et créditeurs de M. Joseph Paoli se trouveront entièrement soldés, sans *soulte* ni *réclamation* de part ni d'autre.

Fait double à Paris, le trente-un mai mil huit cent soixante-quatre.

Approuvé l'écriture

l'administrateur-directeur de la Société civile d'Orezza.

Signé : R. JÉRAMEC.

Enregistré à Paris, le

Approuvé l'écriture

Signé : J. PAOLI.

Pourquoi ces termes ambigus? *Sans Soulte ni Réclamation* sous-entendu : de la Redevance, n'est-ce pas M. Jéramec?

Ça y est! vous venez de faire croire à M. Joseph Paoli que son droit à la redevance finira pour lui, toujours suivant votre interprétation de l'acte notarié, avec le payement du dernier billet, le 30 septembre 1871.

Vous lui reprendrez ses 50,000 francs de billets en 1866, mais à condition qu'il vous abandonnera ses soi-disant cinq ans de redevance. L'accord, une fois fait, vous direz que MM. Paganelli?? et Paoli ont revendu le *Droit concessionnaire* à la Société.

Et M. Paoli vous laissera dire. Heureusement qu'il n'a même rien signé et qu'au surplus l'art. 1109 du Code civil a prévu le cas, en disant : *Il n'y a point de consentement valable, si le consentement n'a été donné que par erreur, ou s'il a été extorqué par la violence, ou* SURPRIS PAR DOL.

Quand le 16 avril dernier, on a demandé à la Société comment s'était opéré le rachat de la redevance, elle a répondu que ce rachat datait du susdit acte du 31 *mai* 1864 suivi d'exécution en 1866; pressée de produire un acte plus concluant, elle a répondu qu'il n'y avait pas d'acte de rachat proprement dit, mais que ce rachat résultait de diverses délibérations signées par divers administrateurs (dont J. Paoli) et qui tenaient lieu de l'acte demandé.

Assignée en Référé, la Société a alors communiqué

> 1 livre à souches de ses actions.

et remis 5 Extraits des registres de délibérations (4 du Conseil et un de l'Assemblée générale).

> 3 Extraits de ses comptes-courants avec Joseph Paoli.

> 1 Extrait de 5 articles du Journal A de la Société folios 254, 255, 256, 258 et 261.

Ces documents sont-ils d'accord entr'eux? Tous les livres (Journal et comptes-courants) disent tous qu'il a suffi de payer à Paoli une de ses deux créances pour annuler l'autre et ce : *En vertu des conventions du* 15 *juin* 1866, *sanctionnées par l'Assemblée générale du* 13 *décembre* 1866.

Et maintenant voyons ces cinq délibérations!

DÉLIBÉRATIONS

CONSEIL D'ADMINISTRATION	ASSEMBLÉES GÉNÉRALES
Extrait du registre des délibérations.	Extrait du registre des délibérations.

Séance du 24 août 1864.
Sont présents :
MM. COLLET MEYGRET.
    PAGANELLI.
    JOSEPH PAOLI.
    R. JÉRAMEC.
La séance est ouverte à 3 heures.

Extrait : La dernière réunion du 17 juillet dernier ayant, pour ainsi dire, eu un caractère spécial, il n'a pas été possible au directeur de faire connaître au Conseil d'administration le règlement qui était intervenu le 31 mai dernier entre la Direction et M. Paoli.

Ici, vous spécifiez bien la date du 31 mai 1864 et les rédactions ne sont pas identiques !

Ce traité est lu in-extenso au Conseil qui y donne toute son approbation.

au lieu des neuf restant à courir.

Séance du 20 avril 1865.

Extrait : Le Prêt de 50,000 que nous avait fait M. Paoli en 1861 était stipulé en cinq annuités de 10,000 francs chacune, la première échéant au 30 septembre 1864.

M. Paoli a désiré pouvoir mobiliser cette créance afin d'en recevoir le règlement en billets à ordre, cette demande n'a été acceptée par nous qu'à la condition d'une prolongation des époques convenues pour en effectuer le remboursement.

Nous avons donc soldé cette créance en règlements payables en sept annuités, à partir de 1865 au lieu de celles primitivement stipulées ;

Nous avons compensé une partie des intérêts auxquels cette prolongation donnait droit ;

Dès lors notre compte d'Effets à payer a été crédité de ces échéances et celui de M. Paoli s'est trouvé soldé sur nos livres.

Signé : PAOLI ET AUTRES.

CONSEIL D'ADMINISTRATION

Séance du 26 novembre 1866.

La séance est déclarée ouverte à une heure.

Sont présents :

MM. R. Jéramec.

Vicomte de Caze.

Collet Meygret.

Comte de Talvande.

Joseph Paoli.

Ici, une seule et même rédaction : C'est si bien trouvé le titulaire!!

Extrait : Les avantages qui doivent résulter pour nous du double monopole qui vient de nous être concédé auraient pu se changer en une perte importante, si nous n'avions pas racheté au profit de la Compagnie la redevance du droit concessionnaire imposant pour chaque bouteille d'eau vendue une prime de, 0,05 centimes, car le bénéfice que laissera la vente de l'eau en Corse sera bien au-dessous de celui de ce prélèvement.

Vous vendez votre eau 35 et 40 centimes la bouteille en Corse, et 80 centimes à quai Marseille.

Ces motifs puissants nous ont engagé à entrer en négociation avec le TITULAIRE de cette redevance pour en opérer le rachat aux meilleures conditions possibles. Il a compris que cette énorme imposition paralysait le développement des opérations de la Compagnie. Nous avons trouvé auprès de lui un bon

C'est bien le moins de nommer les gens quand on les remercie.

ASSEMBLÉE GÉNÉRALE

Séance du jeudi 13 *décembre* 1866.

Nota : le Rapport a au moins vingt pages,

Extrait : Les avantages qui doivent résulter pour nous du double monopole qui vient de nous être concédé auraient pu se changer en une perte importante, si nous n'avions pas racheté au profit de la Compagnie la redevance du droit concessionnaire imposant pour chaque bouteille d'eau vendue une prime de, 0,05 centimes, car le bénéfice que laissera la vente de l'eau en Corse sera bien-au-dessous de celui de ce prélèvement.

Ces motifs puissants nous ont engagé à entrer en négociation avec le *titulaire* de cette redevance pour en opérer le rachat aux meilleures conditions possibles. Il a compris que cette énorme imposition paralysait le développement des opérations de la Compagnie. Nous avons trouvé auprès de lui un bon

| CONSEIL D'ADMINISTRATION | ASSEMBLÉE GÉNÉRALE |

Ce serait le moment de parler du 15 juin 1866, sous-entendus : par Paganelli,[1] à Paoli.[2]

Ils sont jolis vos 100,000 fr. en 200 actions !

Nous verrons tout à l'heure que vous veniez de les racheter à 80 ou 100 fr. pièce à Paganelli.

CONSEIL D'ADMINISTRATION

vouloir dont nous devons, ici, lui tenir compte.

Nous avons donc consenti pour opérer la rétrocession du droit concessionnaire [1] au profit de la Compagnie à payer [2] une somme de :

1° Vingt-six mille francs, en espèces ;

2° Cent mille francs en actions sociales délivrées au pair.

Signé : Paoli et autres.

ASSEMBLÉE GÉNÉRALE

vouloir dont nous devons, ici, lui tenir compte.

Nous avons donc consenti pour opérer la rétrocession du droit concessionnaire au profit de la Compagnie à payer une somme de :

1° Vingt-six mille francs, en espèces ;

2° Cent mille francs en actions sociales délivrées au pair.

. . . .

. . . . : . .

(Le rapport s'étend ensuite longuement sur une émission d'obligations.)

. . . .

L'Assemblée déclare ensuite à l'unanimité qu'elle approuve et sanctionne toutes les mesures prises ou proposées par le Directeur et particulièrement :

1° Le rachat qui a été fait au profit de la Compagnie de 0,05 c. qu'elle avait à payer sur la vente de chaque bouteille d'eau aux conditions stipulées pour ce rachat.

Signé : PAOLI.

3

Jusqu'ici, il n'est question que du rachat au *Titulaire* !

Mais arrivons à la séance du Conseil d'administration du 4 mai 1867.

La séance est déclarée ouverte à une heure.

Sont présents :

MM. Comte de Talvande.

Vicomte de Caze) *Directeurs de la Caisse des Mines.*
Paganelli.)
Paoli.
A. Jéramec.

DÉLIBÉRATION

Notre chiffre capital s'est augmenté [1] de la sortie des actions remises à M. Paoli pour le rachat de son droit concessionnaire, (*vous oubliez de dire : temporaire,*) et celui de notre compte débiteur de la somme qui lui est revenue en espèces [2].

Il ne restait donc, au 31 décembre dernier, à solder sur l'ancien passif que 2,919 fr. 46c. [3]

[4] Ce faible reliquat a été ajouté au débit du compte spécialement désigné sous le titre de *Concession d'Orezza* lequel se trouvait, dès lors, débiteur de 501,850 francs.

Cette somme se décompose comme suit :

OBSERVATIONS

[1] Mais pardon ! le registre à souches des actions remises à Paoli dit formellement que le capital ne s'est pas augmenté du tout de cette sortie !

[2] Oui, les 26,000 francs, c'est convenu, mais à la condition que vous lui payerez ses 50,000 francs de billets sinon, ce serait le moment de les déduire.

[3] A qui ?

[4] Mais alors, vous avez payé 28,919 fr. 46, au lieu de 26,000 fr. puisque, d'après vos livres, Paoli a reçu 26,000 depuis le 15 juin.

Mais de deux choses l'une ou Paoli a reçu 26,000 plus 2,919,46 c., ou il a reçu 26,000 moins 2,919,46c.

1° Actions d'apport. 250.000 { ` Ce sont les 500 actions attribuées par les statuts aux porteurs primitifs :

400 à caisse des mines.
50 à Vve Faggianelli.
50 à Joseph Paoli.

2°(50) Titres réservés. 25.000 { Mais il n'y en a plus de titres réservés ! Votre journal A folio 261 (205) nous apprend que les 250 titres réservés ont été intégralement remis à M. Paganelli, le 31 décembre 1862 et que cette remise a été sanctionnée par l'Assemblée générale du 24 mars 1864.

Abandon du droit concessionnaire par MM. *Paganelli* et Paoli.............. 200.000

Complément à ce dernier........... 26.000

A divers { * Vous n'oubliez pas ces intérêts des 26.000 M. Jéramec?... 850

Somme égale.. 501.850

Le voilà donc le titulaire !

Et pourquoi, M. Paganelli ? Il n'a plus ni droits concessionnaires ni actions. Il a tout vendu : ses droits à Paoli et ses actions à la Société et avant d'en avoir pris livraison, puisque ses 200 numéros 550 à 749, les seuls qu'on eût pu lui livrer, c'est Paoli qui les a reçus directement et de la souche.

* Et vous avez oublié ce rachat, M. Jéramec ! comme aussi d'en parler, de 1864 à 1866, au Conseil et aux assembléss générales ?

Et vous aussi, M. Paganelli ?

Singulier bilan ! Et quelle étrange coïncidence !

501,850 francs! Mais où avez-vous pris ces chiffres? Car votre journal A, folio 261, n'a pas oublié que Paganelli a revendu ses 125,000 francs d'actions à la Société et il dit, depuis le 1ᵉʳ janvier 1867, que ce même compte ne s'élève qu'à 376,850 francs!

Que d'erreurs, M. Jéramec!

Et c'est ça votre acte! ce galimatias commis, après tant de réflexions, et quatre mois après le réglement.

Pourquoi ces chiffres de 25,000 francs de titres réservés et de 200 actions à Paganelli, quand il vous les a vendues depuis si longtemps?

Mais parce que ces chiffres concordent avec la délibération et l'acte notarié des 18 et 19 septembre 1861, parce que cette concordance muette vous sert admirablement pour obtenir de Paoli la consécration, signée de sa main, de cette erreur que vous lui avez inculquée, dès le 31 mai 1864, qu'en ce qui concerne la redevance, Paganelli, dans l'acte du 30-19 septembre 1861, ne lui en a fait, à lui Paoli, qu'une cession temporaire, nécessairement limitée au remboursement de son prêt, tandis qu'il a fait cession définitive de ces mêmes droits à la Société.

Mais ce n'est là qu'un acte délibératif, unilatéral!

Paoli et Paganelli ne l'ont signé que comme parties d'une des deux parties ayant un intérêt distinct, le Conseil d'administration.

Et vous prétendriez lui donner la valeur d'un acte synallagmatique?

Mais ce ne sera possible que si cet acte est sincère, s'il se trouve conforme à l'exécution, c'est-à-dire si vos livres prouvent que Paoli et Paganelli ont bien reçu 200 actions sociales chacun, et que, puisque Paoli n'a vendu que la redevance, la Société a naturellement, et

d'une part, payé
26,000 espèces et 200 actions
pour rachat de sa redevance à
  Paoli et rien que pour ce
RACHAT.

et d'autre part, payé ou continué
  à payer :
les 50,000 francs de billets, en
  cours du 30 septembre 1865 au
  30 septembre 1871, pour remboursement de son prêt de
  pareille somme.

Mais les voilà, vos livres! ou du moins les extraits que vous nous avez remis!

Votre livre à souches dit que le capital n'a pas été augmenté du tout et que M. Paganelli n'a jamais touché ses 200 actions, puisque c'est M. Paoli qui les a reçues, à sa place, et de *la souche*.

Et quant à votre compte-courant avec Paoli, il nous apprend que ses 50,000 francs de billets ont été, non pas payés, mais *annulés*.

Mais alors, cette délibération dissimule une partie essentielle du contrat : l'annulation de l'une des deux créances ! Cette délibération n'a été ni précédée ni suivie d'aucune *exécution* conforme : Ce n'est plus qu'un acte délibératif.

Et, du reste, ils le disent, vos livres tenus au jour le jour. Et quand ils passent écriture, dès 1866, ils disent que le rachat d'une créance, comme l'annulation de l'autre ont eu lieu, non pas en vertu d'une délibération qui viendra en 1867, mais : *en vertu des Conventions du 15 juin 1866, sanc-tionnées par Assemblée générale du 13 décembre suivant (à qui, par parenthèse, vous n'avez pas dit un seul mot de cette date du 15 juin).*

Les Conventions du 15 juin! (au pluriel, non comme nombre, mais comme objets) voilà ce qu'il vous faut mon-trer et, ce que vous ne ferez pas, parce qu'elles n'existent pas.

Ou si elles existent, tant mieux. Mais vous les cacherez car, comme vos livres, elles nous apporteraient la preuve que ce 15 juin-là, M. Jéramec a dit à M. Paoli : « la Société « vous doit :

« 1° 50,000 francs qu'elle vous a réglés en dix billets de « 5,000 francs chaque, dont le dernier écherra le 30 sep- « tembre 1871 ;

« 2° Une redevance qui, vous vous le rappelez bien, mon « très cher ami, *ne doit finir* pour vous qu'au remboursement de ce *dernier billet.*

Vous avez besoin d'argent ! La redevance nous est lourde. « Elle paralyse notre développement, etc., etc.

« Eh bien ! nous allons vous donner 26,000 espèces et « 200 actions en payement de nos 50,000 francs de billets. « Mais à la condition que, dès notre payement, vous renon- « cerez à toute *soulte* ou *réclamation* du fait de votre rede- « vance qui, sans cela, courrait, de plein droit, jusqu'au « 30 septembre 1871. »

Et il a consenti, le malheureux ! car, grâce à vos ma- nœuvres, il croyait ne vous abandonner que 5 ans, tandis que M. Paganelli d'après votre dire vous avait abandonné les 85 autres, dès le 19 septembre 1861.

Et le coup une fois fait, au lieu de noter, dans vos livres, que vous aviez racheté, en même temps, les 50,000 francs de billets par *payement* et la redevance par *annulation,* vous avez dit le plus avantageux pour vous, ou soit tout le contraire. *Encore une erreur*, M. *Jéramec* !

Vous niez !

Mais vos livres le disent que les deux opérations ont été concomittantes et qu'une des deux dettes a été *annulée* et non pas payée. Et cela prouve surabondamment qu'il vous a suffi de payer à Paoli sa créance *principale* pour lui faire abandonner, en même temps, celle qui, d'après vous, n'était que la *conséquence* de la première.

Et il faut choisir : ou M. Paoli vous a abandonné sa redevance, par erreur — *et c'est là ce que disent vos livres* — ou il vous a vendu, en pleine counaissance de cause, et sa créance de 50,000 francs et sa redevance qui, sous la condition de pouvoir durer, en valait bien 100,000 et même plus car, elle devait déjà rendre cinq à six mille francs par an.

Et il vous a vendu cet avoir, d'au moins 150,000 francs, pour 26,000 fr. espèces et 200 actions?

Il vous les a donc achetées à 124,000 francs ou soit à 620 francs chaque, ces mêmes deux cents actions que vous veniez d'acheter à M. Paganelli à 80 ou 100 francs, chaque.

C'était son droit, oui certes. Mais plus le marché a été avantageux pour vous et plus nous avons le droit d'exiger la production de l'acte qui vous a conféré ces avantages. Car les livres ne suffisent pas à libérer un débiteur. Ce serait trop commode, M. Jéramec.

Et vos livres disent que ces avantages d'annuler une des deux créances par le payement de la principale, vous ont été conférés par conventions du 15 *juin* 1866.

Le voilà votre titre! montrez-le donc. Sinon, vous nous autoriserez absolument à dire ou bien que les conventions n'existent pas ou que, si elles existent, vous les cachez parce qu'elles feraient, contre vous, la preuve de l'erreur si avantageuse que vous aviez bien voulu commettre, mais verbalement et non pas par écrit.

Et vous aurez beau chercher, vous ne les trouverez pas ces conventions! vous étiez trop habile pour les avoir écrites, car vous saviez très bien que, pendant 30 ans, M. Joseph Paoli, ou son héritier, avait le droit de venir vous dire :

« Pardon! en 1866, vous m'avez racheté mes 50,000 francs
« de billets sur vous, et je n'ai plus prétendu à aucune
« *Soulte ni Réclamation* sur ma redevance parce que vous
« m'aviez fait croire qu'elle finissait, pour moi, avec le
« remboursement de mon prêt. »

« La preuve qu'il vous a suffi de me payer ma créance
« *Principale* pour obtenir mon consentement par erreur, à
« l'annulation de *sa conséquence* c'est que vos livres le
« disent. Il suffit de voir que vous me deviez cinquante
« mille francs d'une part et une redevance qui valait déjà
« plus de cent mille francs, *en capital* (si elle avait encore
« 90 ans à courir) pour comprendre que je ne vous ai
« pas vendu tout cela pour 26,000 espèces et 200 actions
« que vous veniez de racheter à 80 ou 100 francs, chaque,
« à M. Paganelli. »

« La preuve en est encore, que si j'avais vu, en ce
« moment, la valeur de ma redevance je ne me serais pas
« laissé exproprier de 250 à 300,000 francs de propriétés,
« le 4 septembre 1866 à Corte (Corse), par l'Etat, ce créan-
« cier si accommodant, sans lui dire : Tenez, voilà
« 50,000 francs de billets, une redevance de *quatre-vingt-*
« *dix ans*. Prenez tout, et vous serez bientôt payé ».

« Ces preuves faites, comme d'après l'art. 1109 du code
« civil, le consentement n'est pas valable *quand il n'a été*
« *donné que par erreur, ou surpris par Dol,* je viens vous
« dire : Cette erreur la voilà écrite, tout au long, dans
« votre convention du 15 juin 1866 : Réparez-la ! »

Voilà le danger que vous avez vu d'écrire ces conventions, et ce danger vous avez voulu l'éviter.

Mais, vous avez si bien compris, M. Jéramec, à quoi
vous vous exposiez en ne pouvant pas montrer d'acte de
rachat du 15 juin 1866, que vous avez imaginé la délibé-

ration du 4 mai 1867 et son merveilleux bilan ! Mais, c'est l'acte du 15 juin 1866 qu'il faut montrer.

Persisterez-vous à nous répondre : nous ne l'avons pas, mais vous devez l'avoir !

Nous devons l'avoir, la réponse est commode !

Et le reçu des 26,000 *francs, espèces* ? Est-ce nous qui devrions l'avoir ?

Et, cependant, si on vous le demande, vous préférez répondre, négligemment : oh ! cela a été payé tout simplement par caisse. Comme si un gérant de Société pouvait oublier de demander un reçu de 26,000 francs, même *quand il paye par caisse.*

•Encore une *Erreur* ? M. Jéramec, ou peut-être une précaution, car, ce reçu pouvait trahir le quiproquo et vous avez préféré vous en passer.

En fait d'acte, nous n'en avons qu'un, celui du 30-19 septembre 1861. Et sa possession prouve que vous ne nous l'avez pas racheté : sinon, vous nous l'auriez repris, tout comme vous avez repris vos billets. Encore un *Oubli* ? M. Jéramec. Oui. Comme celui par lequel vous, et vos successeurs, vous avez donné cent sous, par an, à vos actions, ou du moins *aux nôtres,* et pendant vingt ans !

Que d'erreurs, M. Jéramec ! !

CONCLUSION

Par acte notarié du 19 septembre 1861, vous avez contracté, envers Paoli, deux dettes bien distinctes : vous vous êtes engagé :

1° A lui rembourser ses 50,000 francs, espèces ;

2° A lui payer désormais à lui, et jusqu'au 30 août 1955, la redevance des cinq centimes par bouteille de votre eau, que vous deviez primitivement payer à M. Paganelli.

Si nous vous demandons de montrer l'acte par lequel vous avez racheté la redevance, vous répondez : ces droits, nous les avons définitivement rachetés en 1866. Nous n'avons pas d'acte de rachat proprement dit ; mais voici une délibération, du 4 mai 1867, qui en tient lieu.

Non. Il ne tient pas lieu d'un acte, ce document rempli d'erreurs dans ce qu'il dit et surtout dans ce qu'il ne dit pas.

Il est plein de chiffres téméraires qui n'ont qu'un but : celui de faire intervenir M. Paganelli, qui n'a plus de droits, comme vendeur à côté de Paoli qui, seul, a droit de vendre : Et cela, pour faire croire à Paoli qu'il ne vend que cinq années de redevance, pendant que M. Paganelli renouvelle sa vente des quatre-vingt·cinq autres à la Société.

Ce soi-disant acte dissimule qu'il vous a suffi de nous payer une de nos deux créances, pour nous faire abandonner l'autre ; il n'a donc été précédé ni suivi d'aucune *Exécution conforme*, et ce n'est qu'un document *Délibératif*. Dans tous les cas, ce ne serait qu'un acte *unilatéral!*

Voilà pourtant ce que vous nous montrez parce que telle est votre convenance.

Mais vos livres qui sont du 31 décembre 1866, et non pas du 4 mai 1867, disent *formellement* que vous vous êtes libéré d'une de vos dettes par paiement et de l'autre par *annulation*. Et ce, *conjointement*, et en vertu des *conventions du 15 juin 1866, sanctionnées par l'Assemblée générale* du 13 décembre 1866.

Cette annulation est inscrite dans vos livres ! Et pourtant nous vous défions bien de nous montrer cet acte écrit par lequel nous vous aurions vendu, *conjointement*, et nos 50,000 francs espèces et notre redevance.

Cette annulation, nous l'avons consentie par suite de

l'erreur que vous nous aviez suggérée qu'une fois remboursé de nos 50,000 fr. nous n'avions plus droit à aucune *soulte ni réclamation* du chef de notre redevance!

Le 15 avril dernier, un heureux hasard nous a fait retrouver chez M⁰ Segond, notaire à Paris, qui en témoignerait au besoin, notre acte oublié depuis le 19 septembre 1861, dans les cartons de M⁰ Fouché son prédécesseur.

Nous y voyons que le droit à la redevance devait absolument survivre au remboursement de nos 50.000 francs, et que, dès lors, notre consentement, d'ailleurs absolument verbal, à *l'extinction* de nos droits sur la redevance par le fait de ce remboursement, ne vous a été donné que par suite de l'erreur dont vous avez posé les prémisses dans le sousseing privés du 31 mai 1864 et la conclusion dans vos conventions du 15 juin 1866.

Ce qui prouve bien notre erreur, c'est que cet abandon a été tacite. Car vous ne l'avez pas l'acte dont tous vos livres se sont targués pour en passer écriture, le seul que nous acceptions ; celui du 15 juin 1866 !

Si vous ne l'avez pas, cet acte formel de rachat de nos deux créances ; *la Réparation s'impose* !

Si vous l'avez, montrez-le donc. Il dira qu'il vous a suffi de nous payer une de nos deux créances pour nous faire croire à l'*Extinction* de l'autre.

Cette erreur est de votre fait! vos longs agissements le prouvent! Mais serait-elle du nôtre. Qu'importe? puisque l'art. 1109 du code civil vous ordonne encore de la réparer!

En conséquence, et dans tous les cas :

Réglez-nous l'arriéré et continuez-nous notre redevance!!

Prétendriez-vous exciper de votre fameuse dissolution? Mais la loi vous dira que ce n'est qu'un simulacre.

N'en parlez donc pas, car c'est cette **extravagance** qui a dissipé nos doutes et achevé d'ouvrir nos yeux !

Ou plutôt, oui. Parlez-en, Messieurs nos **juges** verront, que, tout à coup, vous avez payé, 1.000, 2.500 et 3.000 fr., ces actions auxquelles, vous-mêmes, ne donniez que *cent sous par an*, depuis vingt ans.

Et quand ils verront cela, de même que **nous avons** compris, Messieurs les juges seront fixés !

Parlez-en donc !

En attendant, continuez de nous séquestrer **notre** argent à Saint-Brieuc, et de nous poursuivre, à Orezza, en remboursement des treize cents francs que vous **aviez**, *par hasard et si généreusement*, oublié de nous réclamer depuis si longtemps !

Paris. — Typ. A. DAVY, 52, rue Madame et rue Corneille, 3.

www.ingramcontent.com/pod-product-compliance
Lightning Source LLC
Chambersburg PA
CBHW051406050726
47595CB00006B/2735